改訂新版

手作りカード
アイデアブック

ポップアップ、スタンプ、切り絵

河出書房新社

はじめに

メールが主流を占める今の時代、
カードは心温まる小さな贈り物。
それが手作りのカードだったら、
喜びもひとしお。
クリスマスカードや年賀状といった
定番のごあいさつだけでなく、
「お元気ですか」「ありがとう」
の一言だけでもうれしいもの。

そんなカードを手作りしてみませんか。
身近にある素材を使って、
切ったり、貼ったり、スタンプを押したり。
この本では、ちょっとしたアイデアで
気軽に作れるカードばかりを集めました。

もらってうれしい、作って楽しい
手作りカードの魅力をお届けします。

Contents

3 ■ はじめに

6 ■ カード作りにトライ！

7 ■ 道具と紙について
　・道具
　・紙
　　カード台紙の作り方

10 ■ "貼る"カードの作り方
　　押し花(葉)の作り方

12 ■ 切り絵カードの作り方
　　切り絵カードいろいろ

14 ■ ポップアップカードの作り方＊A＊
　　応用編

16 ■ ポップアップカードの作り方＊B＊
　　ポップアップカードいろいろ

18 ■ 消しゴムスタンプカードの作り方

memo...

8 カードに入れる文字について
11 プリザーブドフラワーを
　　カードの飾りに
13 細かいカッティングは
　　デザインカッターで
15 暑中見舞い、クリスマスカードは
　　いつ出す？
19 インクパッドのこと
61 カラフルな封筒には
　　宛名シールを貼って
64 世界のカード

春夏秋冬
20 ■ 季節のカード

- 20・65 ■ 12ヵ月のフラワーカード
- 22・65 ■ 四季のスタンプカード
- 24・66 ■ 四季の切り絵カード
- 26・68 ■ 押し花のサークルカード
- 27・68 ■ ハーブのグリーンカード
- 28・69 ■ 洗濯物のサマーカード
- 29・70 ■ ハワイアンキルト風カード
- 30・72 ■ ポップアップの暑中見舞いカード
- 31・75 ■ お月見のカード
- 32・75 ■ 実りの秋のカード
- 33・75 ■ 紅葉の押し花カード
- 34・76 ■ サンタクロースのクリスマスカード
- 35・76 ■ サンタクロースのスタンプカード
- 36・77 ■ 突板のクリスマスカード
- 37・78 ■ ポインセチアの立体クリスマスカード
- 38・79 ■ ヒムロスギのクリスマスカード
- 39・79 ■ 靴下のクリスマスカード
- 40・80 ■ 十二支のカード
- 42・82 ■ 鯛のポップアップお正月カード
- 43・82 ■ 羽子板のミニカード
- 43・83 ■ お供え餅のポップアップカード
- 44・84 ■ バレンタインのボックスカード
- 45・84 ■ バレンタインの折りたたみカード

Congratulatory Cards
46 ■ お祝いのカード

- 46・85 ■ 切り絵のウエディングカード
- 47・86 ■ ドレスのウエディングカード
- 48・87 ■ テトラ形のサプライズカード
- 49・88 ■ ポップアップのバースデーカード
- 50・89 ■ フェルトの出産祝いカード
- 51・89 ■ 入学祝いのカード
- 51・90 ■ 入園祝いのカード

Versatile Cards
52 ■ 多目的カード

- 52・91 ■ 文字のスタンプカード
- 53・91 ■ おすわりネコ＆のびのびネコのカード
- 54・91 ■ マスキングテープのカード
- 55・92 ■ ゴールドのリボンのカード
- 56・92 ■ 一文字切り絵のポップアップカード
- 58・93 ■ 子供の絵を使って……
- 60・94 ■ ボタンを使って……

- 61 ■ 手作り封筒の作り方
- 62 ■ 手作り封筒コレクション

カード作りにトライ！

紙にハサミ、のりがあれば気軽に始められるカード作りに
さっそく挑戦してみましょう。
型紙があるから、絵を描くのが苦手という人も大丈夫。
ここでは、パーツを貼る、切り絵、ポップアップ、
さらに消しゴムスタンプを使った
4種類のカードの基本的な作り方を紹介します。

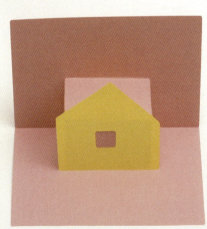

道具と紙について

作り始める前に、カード作りに必要な基本的な道具と紙について説明します。なお、カードの種類によって使う道具も変わってきますので、作る際には作り方のページの「用意するもの」を参照してください。

道具

■「切る」道具

Ⓐ—クラフトバサミ
紙切り用のハサミ。できるだけ先のとがったものを用意します。

Ⓑ—カッターナイフ
紙などを切るときに使うナイフ。

Ⓒ—デザインカッター
細かいところを切ったり、削ったりするときに適したナイフ（13ページmemo参照）。

■「貼る」道具

Ⓓ—木工用ボンド
「木工用」とありますが、紙や布などにも使える接着剤。本書では、おもにパーツを貼るときに使用しています。つけたときは白色ですが、乾くと透明になります。

Ⓔ—スプレーのり
おもに広い面を貼るときに使います。しわにならず、むらなく接着できます。貼ってはがせるタイプのものもあり、これは仮留め用としても使えて便利。

Ⓕ—テープのり
先端部を紙にあて、本体を後ろに引くことで、テープ状ののりをつけることができます。テープ式なので塗りむらがなく、すばやくきれいに仕上がります。

■ その他の道具

Ⓖ—カッティングマット
カッターナイフや目打ちを使うときに、テーブルが傷つかないように下敷きとして使うマット。

Ⓗ—ピンセット
小さなパーツを貼るといった、細かい作業をするときに使います。

Ⓘ—目打ち
折り線をつけたり、穴をあけたりするときに使用。手芸コーナーなどに置いてあります。

Ⓙ—鉛筆
型紙を写すときなどに使います。2Bくらいの濃いめのものを用意します。

Ⓚ—定規
線を引いたり、台紙を折るときに使用。アクリルや鉄製のものは、カッターで直線を切るときにも使えます。

■ あると便利な道具

サークルカッター
コンパスとカッターがドッキングしたもので、円をきれいに切ることができます。

紙工作用ハサミ
切り口がギザギザやナミナミになるハサミ。

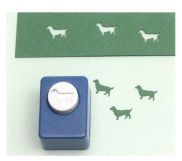
クラフトパンチ
簡単に絵柄を抜くことができる紙専用の型抜きパンチ。

memo...
カードに入れる文字について

「HAPPY BIRTHDAY!」「メリークリスマス！」「ありがとう」。カードにはそんな一言メッセージが欠かせません。でも、自分の手書きの字を入れるのはちょっと……と躊躇する人も少なくないはず。そんなときは、パソコンで打った文字を貼ったり、市販の文字のスタンプやシールを利用するとよいでしょう。新聞や雑誌から文字を切り抜いて、コラージュ風に並べてみるのもおすすめ。数字は使わなくなったカレンダーを利用する、という手もあります。また、消しゴムを使って、自分で文字のスタンプを彫ってみても。50音やアルファベットすべてとなると大変なので、最初は自分の名前やイニシャルだけ、2〜3個の文字を彫ることから始めてみては。

紙

紙にはさまざまな種類がありますが、カード作り、特にカードの台紙には、ある程度しっかりとした紙質のものを選ぶとよいでしょう。本書では、おもにケント紙（表面が滑らかなカラーペーパー）やマーメイド紙、タント紙（少し凹凸のあるカラーペーパー）といった、やや厚めの紙を台紙に使用しています。こうした紙は大型文具店などで1枚単位で売られています。またカード台紙は市販もされています。

カード台紙の作り方

ここで、手作りカードのベースとなる台紙の作り方を紹介します。なお、本書で扱っているカードはハガキサイズ（148mm×100mm）のものが中心で、すべて定形郵便として送ることができます。

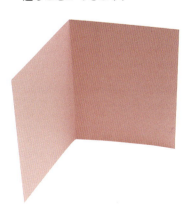

1

カッターを使って、紙（ここではタント紙を使用）を台紙のサイズ（カードを広げたサイズ＝タテ148mm×ヨコ200mm）にカットします。

2

定規と目打ちを使って、カットした紙の上下に折る位置（100mmのところ）の印をつけます。

3

印に定規をあてて、谷折りになる面に目打ちで折れ線をつけます。

4

折れ線に沿って紙を折ります。このとき折れ線の部分に定規をあてると、きれいに折れます。

"貼る"カードの作り方

カード台紙にイラストを貼る、色紙を貼る、ドライフラワーや押し花を貼る。それだけでもりっぱな手作りカードが出来上がります。カード作りの第一歩は、簡単にできる"貼る"カードから始めましょう。

ドライフラワーのミニカード　（「12ヵ月のフラワーカード」より）

用意するもの
- ❶―カッティングマット
- ❷―木工用ボンド
- ❸―竹ぐし
- ❹―カッターナイフ
- ❺―ピンセット
- ❻―ハサミ
- ❼―定規
- ❽―テープのり
- ❾―ドライフラワー（ラベンダー）
- ❿―台紙
- ⓫―紙
- ⓬―中にはさむメッセージ用の薄紙
- ⓭―紙ひも

1

タテ100mm×ヨコ190mmの大きさにカットして2つ折りにしたカード台紙を用意します。台紙の上に重ねる紫の紙は58mm×58mmに、白い紙は55mm×55mmにそれぞれカットしておきます。

2

カード台紙の表面の中央に正方形にカットした紫の紙を貼り、さらにその上に白い紙を貼ります。

3

ラベンダーは貼りつける面の穂をカッターで削って平らにし、台紙に貼りやすいようにしておきます。

4

竹ぐしを使ってラベンダーに木工用ボンドをつけます。

5

ピンセットを使ってラベンダーを**2**の台紙に貼り、しばらく置きます。

6

台紙よりひとまわり小さく切ったメッセージ用の薄紙を2つ折りにしてカードにセットし、谷折りの部分に紙ひもをかけます。

7

かけた紙ひもをカードの上部で結んで、薄紙を固定させます。

---

memo...
プリザーブドフラワーをカードの飾りに

カードの飾りに植物を用いる場合は、生の花だと枯れてしまうので、ドライフラワーや押し花を利用していますが、プリザーブドフラワーを使うのもおすすめです。プリザーブドフラワーとは、植物に保湿するための液や色素を吸わせて植物の水分と置き換え、やわらかさと色を長期間保つように加工した花材で、見ためは本物の花のよう。バラやカーネーション、グリーン花材などが出ていますが、カードにはミニサイズのものを選ぶとよいでしょう。プリザーブドフラワーはクラフトショップや大型の花店などで手に入ります。

押し花（葉）の作り方

＊電話帳で押し花（葉）を作る＊
この方法は水分が少ない紅葉の押し花（葉）を作るのに向いています。

1 電話帳を開き、片面のページに紅葉を重ならないように置きます。1ページに収まらない場合はすぐ次のページではなく、1cmぐらいの厚さのページ分をあけてから置くようにします。

2 静かにページを閉じて厚手のビニール袋に入れ、その上に10kgぐらいの重し（本など）をのせます。

3 1日経過したらビニール袋から電話帳を取り出し、紅葉をはさむページを別の離れたページにかえます。再度、**1〜3**の作業を行い、その後、1週間ほどで完成。

＊アイロンで押し花（葉）を作る＊

1 アイロン台の上に新聞紙（1日分）を置き、その上にティッシュペーパーを1枚重ねます。

2 **1**の上に花（葉）を置き、その上にティッシュペーパーを1枚かぶせてアイロンをあてます。アイロンの温度は低温と中温の間くらい。花（葉）の厚さによってアイロンをあてる時間は異なりますが、薄いものなら1分足らずで完成。

＊押し花（葉）の保管方法＊
ティッシュペーパーに押し花（葉）をはさみ、チャック付きのビニール袋に入れます。市販の乾燥シートを一緒に入れておくと、より長持ちします。

切り絵カードの作り方

本書では、紙を切って台紙に貼ったカードを切り絵カードと呼んでいます。ベースに細かいパーツを貼っていけば、貼り絵風のカードに。ここでは簡単な切り絵カードの作り方を紹介します。

犬の切り絵カード

用意するもの

① ― カッティングマット
② ― ホッチキス
③ ― スプレーのり
④ ― 紙
⑤ ― 台紙
⑥ ― トレーシングペーパー
⑦ ― 型紙
⑧ ― 鉛筆
⑨ ― デザインカッター

1

型紙にトレーシングペーパーをあてて、絵柄を鉛筆でなぞります。

2

紙に絵柄を写し取ったトレーシングペーパーをのせて、ホッチキスで留めます。

3

デザインカッターを使って絵柄を切り抜きます。

切り絵カードいろいろ

すべてが1枚でつながっているもの。一般に切り絵と呼ばれるものがこのタイプ。

ベースの切り絵に目や鼻などのパーツを貼って1枚の絵に仕立てたもの。

ベースの切り絵に細かいパーツを貼り込んだ貼り絵風のカード。

切り絵が飛び出すポップアップカード。

memo...
細かいカッティングはデザインカッターで

切り絵のカードを作る際、「切る道具」としてハサミやカッターナイフでも代用できますが、ここではデザインカッターを使用しています。これは小さな刃が付いた、ペン形をしたアートワーク用のカッターで、細かいパーツを切り抜くときに特に重宝します。大型文具店の製図コーナーなどに置いてあり、替え刃付きで400円くらいから手に入ります。

4

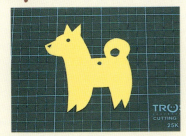

絵柄を切り抜いた状態。

5

新聞紙の上に**4**を裏面にして置き、上からスプレーのりを吹きかけます。

6

台紙に**5**を貼りつけて完成。

ポップアップカードの作り方 *A*

カードを開くと絵が飛び出すポップアップカード。ちょっとしたしかけに、子供たちも大喜び。ここでは台紙に切り込みを入れ、折り曲げて支えを作り、そこにモチーフを貼ったポップアップの作り方を紹介します。

おうちの
ポップアップカード

用意するもの
❶―カッティングマット
❷―定規
❸―ハサミ
❹―目打ち
❺―台紙
❻―紙
❼―スプレーのり

1

厚手の紙を2つ折りにし、わになる部分に鉛筆で2本の切り込み線を入れます。

※本書の型紙では、切り込み線、折り線が入っています。

2
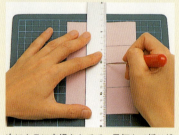

次にタテに定規をあてて、目打ちで折り線をつけます。

3

1でつけた線に沿って、ハサミで切り込みを入れます。

4
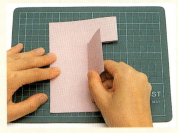
2でつけた折り線に沿って、紙を内側に折ります。

5
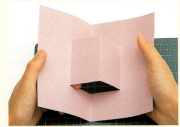
台紙を開いて切り込みを入れた部分を表に折り返します。

6
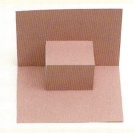
切り込み部分の後ろに指を入れ、前に押し出して立ち上がりを作ります。これがポップアップの支えになります。

7
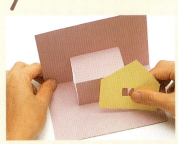
支えにモチーフを貼ればポップアップの出来上がり。カードにするときは、そのままだと裏から折り返した部分が見えてしまうので、厚めの紙を貼って表紙にします。

応用編

ここでは紙に切り込みを入れてポップアップの支えとなる台を作り、そこにモチーフを貼るという方法を紹介しましたが、その支えとなる部分に絵を描いたり、窓を切り抜いたりして、支え自体にモチーフを施すという方法もあります。

memo...
暑中見舞い、クリスマスカードはいつ出す？

夏のあいさつ状としておなじみの暑中見舞いと残暑見舞い。ただ、いつまでが暑中見舞いで、いつからが残暑見舞いなのか迷うところ。そもそも「暑中」とは、季節を24等分した暦、二十四節気の中の大暑にあたる期間で、一般に暑中見舞いは7月22日ごろから立秋（8月7日ごろ）までに出し、立秋を過ぎたら残暑見舞いを送ります。

一方、クリスマスカードは12月25日までに相手に届くようにします。欧米などでは12月に入ると次々とクリスマスカードが届き、届いたカードを部屋に飾っておくのがならわしになっています。外国に出す場合、クリスマスシーズンの12月はふだんより郵送に時間がかかるので、日数に余裕をもって送るようにしましょう。

ポップアップカードの作り方 *B*

前ページでは、紙に切り込みを入れて支えにすることで立ち上がりをつけましたが、ここでは台紙に直接、モチーフの一部分を貼って、モチーフ自体が立ち上がるようにしました。

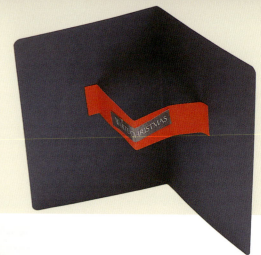

クリスマスのメッセージカード

用意するもの
- ❶─カッティングマット
- ❷─木工用ボンド
- ❸─定規
- ❹─カッターナイフ
- ❺─ハサミ
- ❻─紙
- ❼─台紙（市販のもの）
- ❽─雑誌

ポップアップカードいろいろ

支えにモチーフを貼ったAタイプ（14〜15ページで紹介）のもの。モチーフには時計やドアなどの切り絵を貼って。

モチーフ自体が立ち上がるBタイプ（16〜17ページで紹介）のもの。細長いオビにはブランコを吊り下げて。

花火の切り絵を施した紙に切り込みを入れて立ち上がりをつけたAタイプの応用。

1

雑誌からカードのメッセージになる文字を切り抜いて、118mm×23mmに切った細長い紙に貼ります。

2
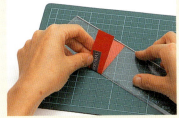
定規を使って**1**を真ん中から山折りにします。

3

両端はそれぞれ谷折りにして、裏にのりしろ部分を作ります。山折りにして、その部分をのりしろにしてもOK。

4

台紙に**3**を貼ります。貼りつけるときは位置を決めてから、まず片方を貼ります。このとき、中に貼りつけたものが外にはみ出さないよう注意して位置を決めます。

5

もう片方に接着剤をつけて、カードを畳みます。

6

はがれないように、しっかり押さえて完成。

モチーフのケーキはAの方法で、メッセージはBの方法で飛び出すようにしています。

Aの方法で作った立ち上がりは真ん中が空洞になっていて、そこに鯛などの切り絵を貼りつけています。

Bタイプのモチーフ自体が立ち上がるしかけのものに、切り絵の要素をプラス。

消しゴムスタンプ
カードの作り方

木版と違ってやわらかく、簡単に彫ることができる消しゴムのスタンプは、ぽんとひとつ押しただけでカードに温かみを添えてくれるスグレもの。最初は、簡単なモチーフのものを彫ることから始めましょう。

葉っぱのスタンプ

用意するもの

- ❶ ─ カッティングマット
- ❷ ─ 白い紙
- ❸ ─ トレーシングペーパー
- ❹ ─ 台紙
- ❺ ─ 鉛筆
- ❻ ─ デザインカッター
- ❼ ─ カッターナイフ
- ❽ ─ 彫刻刀
- ❾ ─ 消しゴム
- ❿ ─ インクパッド（スタンプ台）

1

白い紙に鉛筆で下絵を描きます。

2

下絵にトレーシングペーパーをのせて、絵柄を鉛筆でなぞります。

3

2のトレーシングペーパーを裏返しにして鉛筆の面を消しゴムにあて（こうすると、文字などの逆版の図案も簡単に写せます）、トレーシングペーパーの上からもう一度、鉛筆でなぞって絵柄を消しゴムに写します。

18 Handmade card book.

4

消しゴムに転写した状態。

5

転写した絵柄を彫っていきます。始めにカッターナイフを使って、葉っぱの周囲を少し残して切り落とします。

6
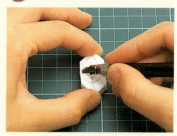
次にデザインカッターを使って、葉っぱの線の外側に刃先を入れ、切り落としていきます。カッターの刃は上向きに45度くらい傾け、深さは2〜3mm程度に。

7

刃を固定したまま、消しゴムを回転させながら絵柄の輪郭に沿って彫っていきます。

8

一周すると、全体の輪郭が浮かび上がってきます。

9

一度、試し押しをして形をチェックします。スタンプを押してみて、絵柄以外の部分が写っていたら、カッターで余分な部分を切り取ります。

10
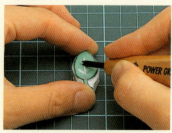
葉脈など細かい部分は彫刻刀を使って彫っていきます。

11

スタンプの完成。何回か試し押しをしてから、台紙に押します。

memo...
インクパッドのこと

スタンプを押すインクパッドには、スタンダードな単色のものから、蛍光色、パールカラー、グラデーションインクといった色合いのものや、布やプラスチックなどにも押せるインクなど、さまざまな種類のものが出ています。なお、別の色を押す場合や、スタンプを使い終わったら、必ずインクを落とすことが大切。その場合、スタンプ面を水で濡らしたティッシュでふくと、きれいに落ちます。

January

February

March

春夏秋冬
季節のカード

春、夏、秋、冬、その季節の風物詩とともに伝えたい「お元気ですか」のごあいさつ。
暑中見舞いや年賀状といった定番のごあいさつのほかにも、「庭の緑がきれいです」「夏は洗濯物がすぐ乾きますね」
「秋はキノコがおいしい」「今日、初雪が降りました」といったなにげない季節の変化もカードに託して……。
そんな季節感あふれるカードの数々をご紹介します。

July

August

September

April

May

June

12ヵ月のフラワーカード

作り方10、65ページ

菜の花、アジサイ、ホオズキ、ヒマワリ、木の実……。
押し花やドライフラワーを使って12ヵ月のお花のカードを作りました。
その時期になると美しい姿を見せてくれる花たちは、
季節感あふれるカードのモチーフに最適。
台紙に貼っただけのお手軽なカードですが、花の種類やどんな色の台紙を選ぶかによって、
落ち着いた雰囲気にも、ポップな雰囲気にも。
カードのバリエーションが広がります。

October

November

December

四季のスタンプカード

作り方65ページ

春なら桜、夏なら花火というように、私たちの暮らすこの国には
四季折々に季節を表す風物詩があります。
そんな風物詩を小さな消しゴムのスタンプで表現しました。

春といえば、やはり桜。
時代は変わろうとも、
古くから日本人に愛され、親しまれてきた桜は
まさに日本の春を代表する花。
桜に合わせて、台紙も淡い桜色のものを選び、
和風情緒あふれるカードに仕立てました。

風鈴、うちわ、浴衣、打ち水……。
蒸し暑い日本の夏を心地よく過ごすために、
昔から涼をとるための工夫がされてきました。
ガラス鉢の中で泳ぐ金魚もそのひとつ。
赤い金魚と水の文様を合わせたカードで
ひとときの涼をお届けします。

暑い夏が過ぎ、いつのまにか
秋の気配が感じられるようになりました。
秋風に揺れるススキに、
足元に広がるイチョウの紅葉。
そんなこの季節ならではの情景をスタンプにして、
落ち着いた秋の風情を楽しみます。

12月に入れば、北の地方では静かに粉雪が舞う、
そんな毎日でしょうか。
雪がめったに降らない土地に住む者にとっては
雪景色はロマンチックな冬の風物詩。
さわやかな雪の結晶で、
ぴーんと張りつめた冬の空気を表現しました。

四季の切り絵カード

作り方66～67ページ

店頭にすいかがお目見えしたら夏到来……というように、
旬の食べ物も、季節を感じさせてくれるもののひとつ。
切り絵の貼り絵風カードで、四季の味覚を存分に味わって。

塩漬けした桜の葉で包まれた桜餅は
桜の季節ならではのお菓子。
お重につめて、お花見の席にも
持っていきたいもの。
ふと見上げたら、はらはらと桜の花びらが
舞い降りてきました。

キュウリ、ナス、トマト……。
夏は野菜がおいしい！
ザルには色紙で作った
色とりどりの新鮮野菜をのせて。
おままごと感覚で
あれこれザルの上にのせていくのが楽しい。

食欲の秋の味覚はいろいろあるけれど、
サンマ、それも七輪で焼いた
焼きたてのサンマのおいしさといったら!
七輪に網をセットして、
サンマをのせたら準備完了。
けむいのを覚悟して、これから焼きに入ります。

みんなでフーフーいいながら食べる鍋は
お腹も心も温まる、冬ならではのだんらん。
今夜の夕食は鍋。具は何を入れましょうか。
「週末、わが家で鍋パーティを開催します。
　ぜひ、いらしてください」
そんなお誘いのカードとしても使えます。

色とりどりの花々が一斉に花開く春。
そんなうれしい季節の到来を
一緒に分かち合いたくて……。
あふれる植物の生命力を封じ込めた
春のカードです。

押し花のサークルカード

作り方68ページ

種から芽が出て、美しい花を咲かせる過程を
フラワーサークルで表現しました。
押し花にしたのは
赤紫色のバーベナとブルーのネモフィラ。
窓には本物の花の種を入れています。

ハーブの
グリーンカード

作り方68ページ

セージやイタリアンパセリといった
ハーブの押し葉の葉先を使ったカード。
グリーンをベースに格子状に組んだ、
グラデーションをきかせた台紙もさわやか。
春の風を感じます。

「暑い中、お元気でお過ごしですか」
という気遣いを込めて贈る
暑中見舞いに残暑見舞い。
夏ならではのモチーフを使った
サマーカードです。

洗濯物のサマーカード

作り方69ページ

外に干した洗濯物が夏の太陽をしっかり浴びて。
はぎれで作ったワンピースも水着も
あっという間に乾いちゃいました。
なんでもない夏の風景を切り取った親しみあふれるカードです。

ハワイアンキルト風カード

作り方70〜71ページ

ハワイの自然をモチーフにした
ハワイアンキルト。
それを切り絵にしてカードに仕立てました。
南国ののんびりとした空気が
伝わってきます。

ポップアップの
暑中見舞いカード

作り方72〜74ページ

カードを開けば、アサガオ、花火、すいかが飛び出す和のポップアップカード。
カード自体を楽しんでもらいたいからメッセージはあくまでもさりげなく。

秋 Autumn

夏が過ぎ、過ごしやすくなった
今日このごろ、
ふと誰かに便りを書きたくなる
そんな秋の夜長。
手作りのカードで思いを届けて……。

お月見のカード

作り方75ページ

丸くカットした黒とからし色の台紙を
重ね合わせて
お月見を表しました。
黒の台紙の上には秋の七草のひとつ、
オミナエシとススキの押し花を飾って。

実りの秋のカード

作り方75ページ

手でちぎった英字新聞の上に
スライスしたキノコの押し花を貼って。
台紙には手漉き風の和紙を使い、
あくまでもナチュラルに。
実りの秋をおすそわけ。

紅葉の押し花カード

作り方75ページ

道端で拾ったモミジとイチョウを押し葉にして
しおり風にアレンジ。
それを英字プリントの台紙に貼りました。
きれいな紅葉を見つけたら、押し葉にして
秋のカードを作ってみませんか。

クリスマスカードに年賀状、
冬はカードが大活躍。
1年の感謝の思いと
新しい年の幸福を祈って、
手作りのカードで気持ちを伝えます。

サンタクロースのクリスマスカード

作り方76ページ

そりに乗ったサンタクロースの切り絵と
ポップアップの家々を組み合わせた
クリスマスカード。
文字の下には、色紙を切って作った
ヒイラギをあしらっています。

サンタクロースの スタンプカード

作り方76ページ

素朴な風合いの
サンタクロースの消しゴムスタンプは
手彫りならではの温かみにあふれて。
カードを贈る人の顔を思い浮かべながら
スタンプの色を変えてみるのも楽しい。

突板の
クリスマスカード

作り方77ページ

木を薄くスライスした板、突板を使った
ナチュラル感覚あふれるクリスマスカード。
ピンクの台紙との色の相性もよく、
木のぬくもりが安らぎを与えてくれます。

ポインセチアの立体クリスマスカード

作り方78ページ

ビビッドな赤が印象的な
ポインセチアのクリスマスカード。
カードを開けば、
「Merry Christmas」のメッセージと
切り絵のキャンドルが飛び出すしかけ付き。

ヒムロスギの
クリスマスカード
作り方79ページ

プリザーブド加工のヒムロスギを貼りつけた
ミニチュアのクリスマスツリーのカード。
土台部分もシラカバの皮でできていて、
まるで本物のツリーのよう。
小さなゴールドのベルをちりばめて、華やかに。

靴下の
クリスマスカード

作り方79ページ

クリスマスツリーに吊るして飾れる、
リボン付きの靴下の形をしたミニカード。
2枚重ねになっていて、1枚目には布が、
2枚目はメッセージが書き込める
ようになっています。

十二支のカード

作り方80〜81ページ

子、丑、寅、卯、辰、巳……。お正月にふさわしい十二支の動物をモチーフにした切り絵のカード。
素材にはひのきのシートを使っていて、裏に貼り合わせた紙にはメッセージが書けるようになっています。
切り絵自体シンプルなので、赤や紺など落ち着いた色合いの台紙とセットにしてお正月らしい華やかな印象に。
その年の干支を贈って12回分、12年。毎年、楽しみに待っていてくれる人もいるはず。

鯛のポップアップお正月カード

作り方82〜83ページ

いかにもおめでたい、
鯛が飛び出すポップアップカード。
重箱の形に四角く切った台の真ん中に
切り絵の真っ赤な鯛を貼って、インパクト強く。
「賀春」の力強い書体も効いています。

羽子板の
ミニカード

作り方82〜83ページ

羽子板の形に切り抜いたカードの扉を開けば、
繊細な色合いの和紙で作った羽根が。
消しゴムスタンプで作った
ひらがなの「はる」の文字を押して、
初春の幕開けをカードで知らせます。

お供え餅の
ポップアップカード

作り方83ページ

こちらはお供え餅が飛び出すポップアップカード。
お供えのまわりを飾るのは、
色紙で作った小さな独楽や羽子板。
やさしい色合いのブルーの台紙に合わせて
全体をパステルカラーで統一しています。

バレンタインの ボックスカード

作り方84ページ

箱を開けると、中からバレンタインのメッセージが。
ここでは市販の箱を使用していますが、
無地の箱にマスキングテープを貼るなど手作りしても。
箱の中にチョコレートを入れて、そのまま Present for You！

バレンタインの折りたたみカード

作り方84ページ

ハートや花の形に切り抜いた
カラフルな色紙がポップなバレンタインカード。
箱は折りたたむことができるので、
封筒に入れて郵便でも送れます。

切り絵のウエディングカード
作り方85ページ

結婚して幸せいっぱいのカップルに贈る
パステルカラーの甘〜いウエディングカード。
ハートや天使をモチーフにした
シンメトリーな切り絵で、
"ふたり"の新しい生活を祝福します。

Congratulatory Cards
お祝いのカード

結婚、出産、入園、入学、お誕生日……。
結婚や赤ちゃん誕生といった人生のビッグイベントや、
1年に1回届くバースデーカードは何よりもうれしい贈り物。
それが手作りのカードなら、喜びもひとしお。
ここでは「おめでとう」の一言を添えて贈りたい「お祝いのカード」を紹介します。

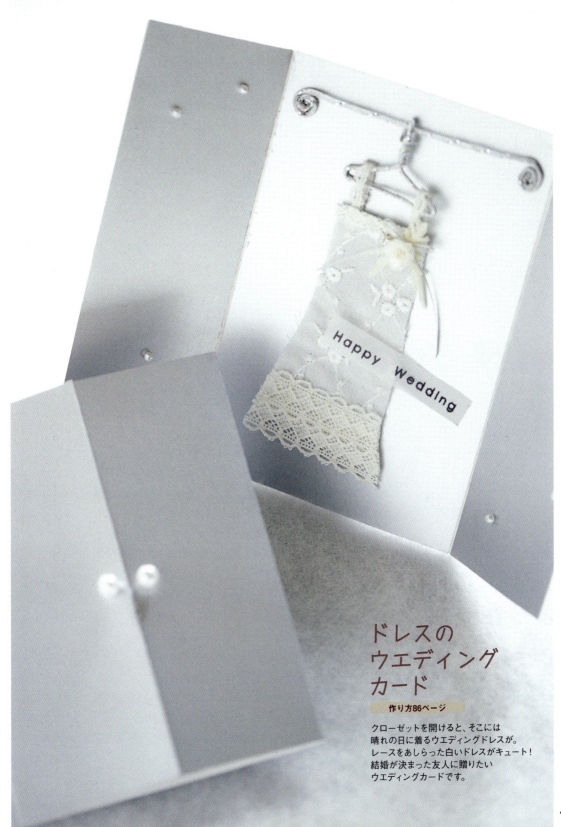

ドレスの
ウエディング
カード

作り方86ページ

クローゼットを開けると、そこには
晴れの日に着るウエディングドレスが。
レースをあしらった白いドレスがキュート!
結婚が決まった友人に贈りたい
ウエディングカードです。

テトラ形の
サプライズカード
作り方87ページ

テトラ形のボックスを開ければ、
中からリボンにつながれた
「HAPPY BIRTHDAY」のメッセージが。
ボックスの中にチョコやキャンディーを入れて贈れば、
子供たちが喜びそう。

ポップアップの
バースデーカード

作り方88ページ

開けたら何が飛び出すか、
それがポップアップカードの魅力。
ろうそくを立てたバースデーケーキに、
リボンをかけたプレゼント。
「おめでとう!」の気持ちが伝わります。

フェルトの
出産祝いカード

作り方89ページ

赤ちゃんのようにやわらかで、
やさしい感触のフェルトをカードに。
ブックカバーのようなつくりで、
中にメッセージがはさめるようになっています。
表面はボタンとリボンでかわいくあしらいました。

Versatile Cards

多目的カード

仰々しくはしたくないけれど、メールで返事をするのはちょっと味気ない。
そんなときに便利な多目的カード。
無地のカードがちょっとした工夫で温かみあふれる一枚に。
子供が描いた絵など、身近なもので作れるのもうれしいですね。

文字のスタンプカード

作り方91ページ

手書きの文字は苦手、という人におすすめの
市販の文字のスタンプを使ったカード。
メッセージだけでなく、
スタンプを組み合わせて絵を描くこともできちゃいます。

おすわりネコ＆のびのびネコのカード

作り方91ページ

静かにおすわりしていたかと思うと、
急に甘えてきたり、ふらっと出て行ったり。
とらえどころのないところが魅力のネコを
ポップアップのカードに仕立てました。

マスキングテープのカード

作り方91ページ

さまざまな種類が出ているマスキングテープ。
ここではマスキングテープを切り貼りして絵を描き、
ポップなカードに仕立てました。
紙の折り方を工夫したことで、動きも出しています。

ゴールドのリボンのカード

作り方92ページ

ラッピング用のリボンを貼っただけなのに
無地のカードがおしゃれに変身！
これは、モミの木がプリントされたリボンを貼って華やかなカードに仕立てたもの。
ゴールドのリボンの美しさが際立っています。

一文字切り絵の
ポップアップカード

作り方92ページ

インパクトあふれる切り絵の漢字が飛び出す
和テイストのポップアップカード。
漢字一文字だけで
十分メッセージが伝わります。

子供の絵を使って……

作り方93ページ

遠くに住むおじいちゃんやおばあちゃんに
子供が描いた絵をカードにしてプレゼント。
紙がはさみ込めるようになっていて、絵のかわりに写真などを入れてもOK。
母の日や父の日のカードとしても使えます。

ボタンを使って……

作り方94ページ

ただ見ているだけでも楽しいボタンを
カードにあしらってみました。
カード本体はじゃばらにして豆本風に。
切り絵のネコの動きにも注目。
表紙にはネコの足跡のワンポイントをつけました。

手作り封筒の作り方

手作りのカードを作ったら、それを送る封筒も手作りで。型紙さえあれば、簡単に作ることができます。

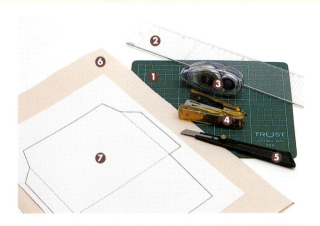

用意するもの
❶ — カッティングマット
❷ — 定規
❸ — テープのり
❹ — ホッチキス
❺ — カッターナイフ
❻ — 模造紙
❼ — 型紙（95ページ）

1

コピーした型紙を紙の上にのせ、動かないように四隅をホッチキスで留めます。定規とカッターナイフを使って、型紙どおりに切っていきます。

2

切り抜いた状態。

3

定規を使って、切り込み部分を谷折りにします。

4

のりしろの部分にテープのりをつけて、貼り合わせれば完成。

memo... カラフルな封筒には宛名シールを貼って

封筒に使う紙は基本的には何でもOKですが、せっかく手作りするのなら、柄の色紙やきれいな包装紙など、見て楽しいカラフルなものを選びたいもの。その際、紙の模様で宛名が見えにくいようなら、別の白い紙に宛名を書いて貼るとよいでしょう。宛名用のシールも市販されています。

手作り封筒コレクション

お店の包装紙、ビニール袋、古いカレンダー……。
身近な素材を使った、バラエティーに富んだ手作り封筒たち。
グラシン紙といった透ける素材の封筒には、
中にきれいな紙を入れて送ります。

memo...

世界のカード

欧米のスーパーマーケットに行くと、必ずといっていいほどあるのがカード売り場のコーナー。バースデーカードなどの定番のものだけでなく、「Thank you!」「Hello!」といった、ちょっとした一言が書かれたグリーティングカードもたくさん置かれています。それほどカードを贈ることは欧米の人たちにとっては一般的なことのよう。時期になれば、イースターやサンクスギビング（感謝祭）といった欧米ならではのカードも豊富に出揃います。外国へ行ったら、その国ならではのカードに出会えるのも楽しみのひとつ。カード専門のショップもあるので、機会があったら、ぜひのぞいてみてください。

1・2・3 カナダの市場の一角でカードを作っていた人。カード専門店もある　4 韓国のカード
5 フィンランドのムーミンのカード
6 一番上は感謝祭のカード

作り方＆型紙

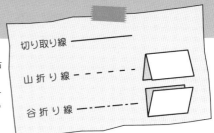

※本書の型紙では折り線などを右のように表しています。
※図案は拡大率に合わせてコピーして使用します。拡大率が入っていないものは原寸で使用。
※図案の写し方は12ページ参照。

20〜21ページ　12ヵ月のフラワーカード

[使用花材]
1月…マツ（プリザーブドフラワー）、2月…ヒイラギ（プリザーブド）、3月…菜の花（ドライフラワー）、4月…桜（押し花）、5月…アジサイ（プリザーブド）、6月…ラベンダー（ドライ）、7月…ホオズキ（ドライ）、8月…ヒマワリ（押し花）、9月…ケイトウ（ドライ）、10月…ツタ（押し葉）、11月…ヤシャ（ドライ）、12月…ユーカリの実（ドライ）

[作り方]
10ページ「ドライフラワーのミニカード」の作り方参照。

22〜23ページ　四季のスタンプカード

[作り方]
❶ 図案を消しゴムに写し、スタンプを作ります（18ページ「消しゴムスタンプカードの作り方」参照）。
❷ 彫ったスタンプにインクをつけて、カードや封筒に押します。

24〜25ページ　四季の切り絵カード

春

[作り方]
カード台紙に切り抜いた重箱の図案を貼り、その上に桜餅とお団子の図案を貼ります。桜の葉は表に色鉛筆などで葉脈を描いたら、裏にして桜餅を包むように折ります。まわりには桜の花びらをちらします。

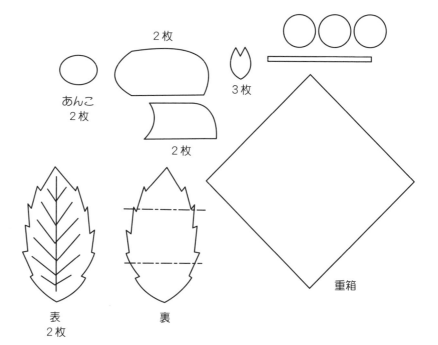

夏

[作り方]
カード台紙に切り抜いたザルの図案を貼り、その上に色鉛筆ですじを入れたキュウリ、トマト、ナスの図案を貼ります。

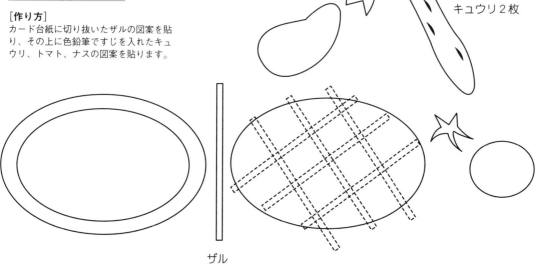

秋

[作り方]
カード台紙に切り抜いた七輪を貼り、その上に網、サンマの図案を貼ります。七輪の左下には黄葉を貼ります。

黒目は描いてもOK
2枚ずつ
七輪

冬

[作り方]
カード台紙に切り抜いた鍋敷きを貼り、その上に鍋の図案を貼ります。鍋の中にはねぎや肉などの具の図案を貼り、最後に薄い和紙を手でちぎって作った湯気をあしらいます。

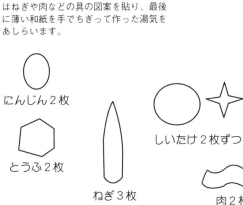

にんじん2枚
とうふ2枚
ねぎ3枚
しいたけ2枚ずつ
肉2枚

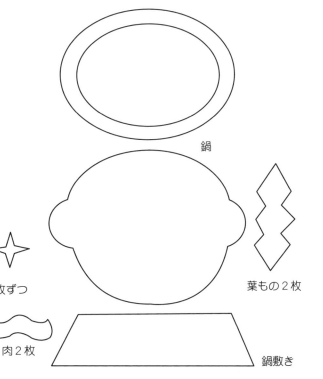

鍋
葉もの2枚
鍋敷き

押し花のサークルカード

バーベナの押し花のカード

[作り方]

❶ 紙（ここではピンクの紙を使用）をタテ110mm、ヨコ215mmに切り、真ん中に目打ちで筋を入れ、ヨコとじの2つ折りのカード台紙を作ります。トレーシングペーパーも同様の大きさに切ります。

❷ 台紙の扉になる部分の上部に25mm×25mmの正方形の窓を開けます。さらに扉の右下には白い紙を貼り、その上にバーベナの押し花を、真ん中には「Spring」と書いた紙を貼ります。

❸ バーベナの種は透明のビニール袋に入れ、②の窓よりひとまわり大きい正方形にしてタック紙に貼り、それを窓の後ろから貼り込みます。

❹ カード台紙と同じ大きさに切ったトレーシングペーパーを用意します。扉になる面にコンパスで二重の円を描いたら、これを広げて②の台紙の上におき、種を入れた窓と貼ったバーベナが見える大きさの正方形の窓を切ります。

❺ ④を2つ折りにし、わになる部分に接着剤をつけて②の台紙に貼り、カバーにします。最後にバーベナの新芽の押し花をカバーに貼って完成。

ネモフィラの押し花のカード

[作り方]

紙（ここではブルーの紙を使用）をタテ120mm、ヨコ260mmに切り、真ん中に目打ちで筋を入れたタテとじの2つ折りのカード台紙と、同じ大きさに切ったトレーシングペーパーを用意します。あとはバーベナのカードの作り方と同じように、ネモフィラの押し花や種をカードにあしらいます。

ハーブのグリーンカード

[作り方]

❶ 紙をタテ130mm×ヨコ130mmの正方形に切ります。それよりひとまわり小さい正方形の紙を大きな正方形の真ん中に貼ります。

❷ タテ25mm、ヨコ125mmに切った細長い紙のオビを10本用意します。それを上下に編み込み、①よりもひとまわり小さい正方形にします。オビの余分な部分は切ります。これに押し花のハーブを貼ります。

❸ ①と②を合わせて1枚のカードにします。

68 Handmade card book.

28ページ　洗濯物のサマーカード

左の写真の作品

[作り方]
はぎれにTシャツやワンピースの型紙をあてて切り抜きます。2つ折りのヨコとじのカード台紙の左右にドライの小枝を貼り、タコ糸を渡してロープにします。そこに切り抜いたワンピースなどを接着材でつけます。Tシャツやブラウスにビーズや毛糸をあしらってもかわいい。

右の写真の作品

[作り方]
タテとじのカード台紙の背景になる面にドライの小枝を貼り、そこに水着やタオルの形に切り抜いたはぎれを貼ります。下の部分には砂や貝殻をあしらいます。

29ページ　ハワイアンキルト風カード

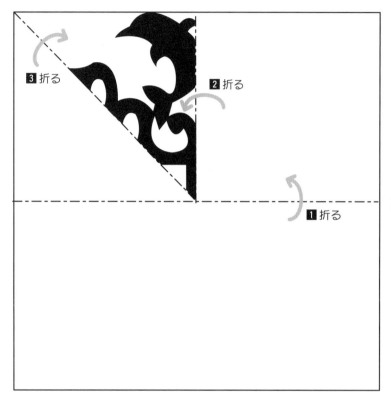

図案A

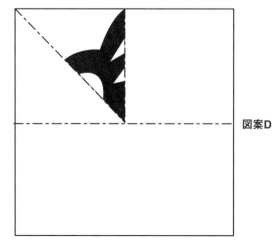

図案D

[作り方]

❶　100mm×100mmの正方形の紙を3枚、60mm×60mmの正方形の紙を1枚用意し、それぞれ図案Aの❶❷❸の矢印に沿って三角に折り畳みます。紙は折り紙など比較的薄い紙を使います。

❷　各図案はトレーシングペーパーに写しておきます。

❸　三角に折った紙の表面に②のトレーシングペーパーをのせ、目打ちを使って紙に図案を写します。

❹　図案を写しとったら、デザインカッターで線に沿って切り抜きます。

❺　④を広げ、カード台紙に貼ります。図案Cのカードには図案Dの模様をカードにあしらいます。

図案B

図案C

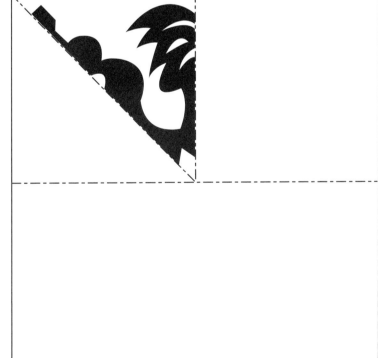

30ページ ポップアップの暑中見舞いカード

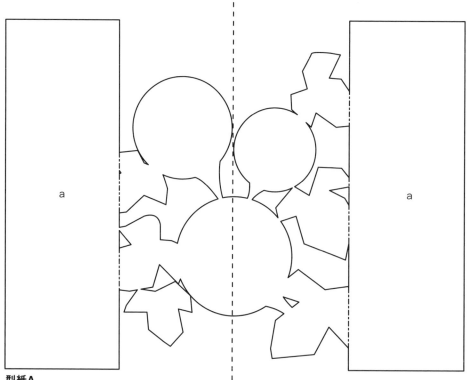

型紙A

突板を細く切ったもの

型紙B

アサガオ

[作り方]

❶ コピーした型紙Aにトレーシングペーパーをあてて、図案を鉛筆で写します。これを紙（ここでは白い紙を使用）にのせ、動かないようにホッチキスで留めたら、カッターを使って図案を切り抜きます。

❷ 切り抜いた①を山折り線に沿って半分に折ります。

❸ 型紙Bのアサガオの花の図案を①の要領で色紙（ここでは青い紙を使用）に写し、輪郭と花の白い部分を切り抜き、②の型紙に貼ります。葉っぱも同様に、色紙（ここでは緑、黄緑を使用）にのせて輪郭を切り抜いたら、表に色鉛筆などで葉脈を入れ、②に貼ります。

❹ aの部分には突板（77ページ参照）を細く切ったもの貼り込みます。

❺ aの裏に接着剤をつけて台紙に貼り、アサガオが飛び出すように畳み込みます。

※**160%に拡大して使用**

型紙B

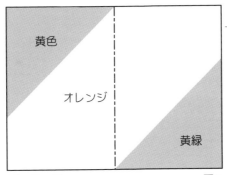

黄色

オレンジ

黄緑

バックの紙　　　　　　　　　　　　　　図C

型紙A

花　火

[作り方]

❶　コピーした型紙Aにトレーシングペーパーをあてて、図案を鉛筆で写します。これを紙（ここでは青い紙を使用）にのせ、動かないようにホッチキスで留めたら、カッターを使って図案を切り抜きます。

❷　①の紙を山折り線に沿って半分に折り、切り取り線に沿って切り込みを入れたら、その部分を谷折り線に沿って内側に折ります（14～15ページ参照）。これを開いて立ち上がりを作ります。

❸　図Cのように、台紙に黄色、オレンジ、黄緑の色紙を貼ったものに、aの裏に接着剤をつけた②を貼ります。

❹　文字部分をサインペンなどで塗った型紙Bを切り抜き、③に貼ります。

※160%に拡大して使用

すいか

[作り方]

❶ サークルカッターを使って、緑と赤の紙をそれぞれ円に切ります。サークルカッターがない場合は型紙Aを使ってハサミで円を切り抜きます。

❷ 赤の円は真ん中で山折りにし、切り取り線に沿って切り込みを入れて立ち上がりを作ります（14〜15ページ参照）。これがポップアップの支えになります。

❸ 型紙Bを使って、緑と赤の紙をすいかの形に切り抜きます。緑の紙に赤い紙を貼り、さらに赤の紙にすいかの種を適当に貼りつけたものを❷の支えに貼ります。

❹ 文字部分をサインペンなどで塗った型紙Cを切り抜き、台紙に貼ります。

※160%に拡大して使用

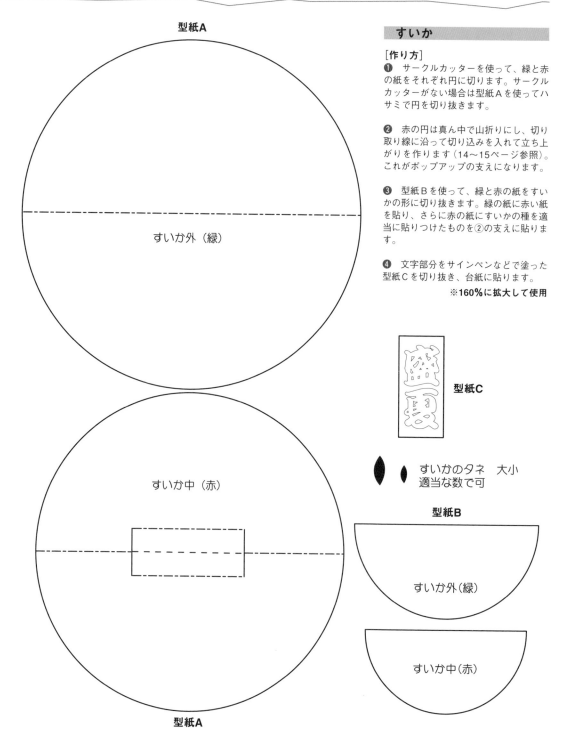

31ページ　お月見のカード

[作り方]
❶ サークルカッターを使って、黒とからし色の紙をそれぞれ円に切ります。

❷ 黒い紙のほうを上にして2つの円を重ね合わせ、上を留め金具で留めます。

❸ 表の黒い紙に木工用ボンドで押し花を貼ります。白い紙にローマ字で押し花の名前（ススキ、オミナエシ）を書き、押し花の茎の部分に貼ります。

32ページ　実りの秋のカード

[作り方]
❶ 英字新聞を手でちぎってカード台紙に貼り、カゴの形にします。

❷ アイロンで作った押し花（11ページ「アイロンで押し花（葉）を作る」参照）のキノコを薄くスライスし、①のカゴに盛るようにして貼ります。1個だけはカゴの外に貼り、動きを見せるようにします。

❸ カードにラフィアのリボンをかけて完成。

33ページ　紅葉の押し花カード

[作り方]
❶ 紙の上部にパンチで穴を開け、ひもを通したしおりを作ります。そこに電話帳を使って作った紅葉の押し葉（11ページ「電話帳で押し花（葉）を作る」参照）を貼ります。

❷ カード台紙に英字プリントの紙を貼り、そこに①の紅葉のしおりを貼ります。カードのふちの部分には色紙をあしらいます。

34ページ　サンタクロースのクリスマスカード

[作り方]

① コピーした型紙Aを紙（ここでは白い紙を使用）の上にのせてホッチキスで留め、その上からカッターで図案どおりに切ります。窓やドアなどの黒い部分は切り抜きます。

② 図案を切り終えたら、枠線に沿って紙全体を切り抜きます。これを半分に折り、線に沿って2本の切り込みを入れて①の図案を立ち上げ、台紙に貼ります。

③ コピーした型紙Bを紙（ここでは青い紙を使用）の上にのせ、①の要領で図案どおりに切ります。白い丸の部分は切り抜きます。これをaに貼ります。

④ コピーした型紙Cを紙（ここでは赤い紙を使用）の上にのせ、図案どおりに切ります。これを③の大きな円の上に重ねるように貼ります。

⑤ 色紙を切り抜いたヒイラギとメッセージをあしらって完成。

※200%に拡大して使用

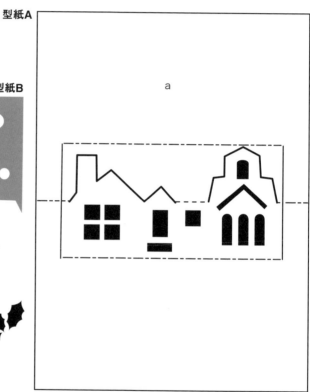

35ページ　サンタクロースのスタンプカード

[作り方]

① 図案を消しゴムに写し、スタンプを作ります（18ページ「消しゴムスタンプカードの作り方」参照）。

② 彫ったスタンプにインクをつけて、カードや封筒に押します。

36ページ　突板のクリスマスカード

[作り方]

❶ タテ97mm、ヨコ60mmの大きさに切った突板を2枚用意します。これを図Aのようにカード台紙に貼ります。

❷ 色違いの突板を用意し、1枚の板に型紙AとCを、もう1枚の板に型紙BとDをのせて三角形に切ります。これをABCDそれぞれ4枚ずつ、計16枚の突板の三角形を用意します。同様に型紙Eを使ってヒイラギの図案を4組み切り抜きます。

❸ ②で切った三角形を図Aの図案どおりに貼っていきます。四隅にはヒイラギの形に切った突板を貼ります。最後に型紙Fを使って切ったメッセージの紙を立ち上がるように貼り込んで（16〜17ページ参照）完成。

※160%に拡大して使用

※突板（つきいた）
木を薄くスライスした板。

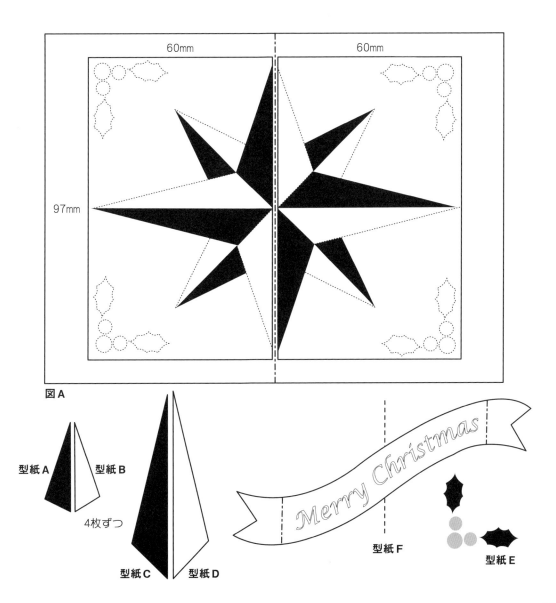

37ページ　ポインセチアの立体クリスマスカード

[作り方]

❶ コピーした型紙Aを紙（ここでは白い紙を使用）の上にのせてホッチキスで留め、その上からカッターで図案どおりに切ります。花びらの黒い部分は切り抜きます。

❷ 図案を切り終えたら、枠線に沿って紙全体を切り抜きます。これを半分に折り、線に沿って2本の切り込みを入れ、真ん中を立ち上げます。これを赤い台紙に貼ります。

❸ コピーした型紙BとCを紙（ここでは赤い紙を使用）の上にのせ、❶の要領で型紙どおりに切ります。型紙Cのキャンドルの部分は切り抜きます。

❹ 切り抜いた❸ののりしろ部分に接着剤をつけ、立ち上がるように台紙に貼ります（16〜17ページ参照）。

※160%に拡大して使用

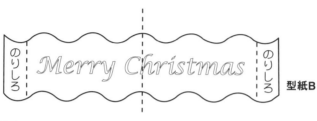

型紙B

型紙A

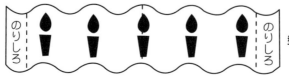

型紙C

38ページ　ヒムロスギのクリスマスカード

[作り方]
① ハガキサイズのカード台紙よりひとまわり小さい紙（ここでは紺色の紙を使用）を用意します。そこにツリーの図案を写し、ツリーのまわりにはクラフトパンチを使って丸い穴を、紙の下の部分はナミナミになるようにハサミで軽く切り込みを入れます。これを台紙に貼ります。

② ツリーの部分にピンセットを使ってプリザーブド加工のヒムロスギを貼り込みます。ツリーの土台の部分にはシラカバの皮を貼ります。

③ ツリーにミニチュアのベルやドライのミニビリーボタン、リボンを飾ります。カードの左上に「メリークリスマス」のミニプレートを貼って完成。

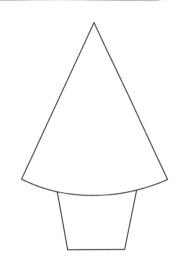

※160%に拡大して使用

39ページ　靴下のクリスマスカード

[作り方]
① 片面がシールになったタック紙に靴下の図案を写します。

② シールをはがし、靴下よりひとまわり大きくカットした布を貼ったら、靴下の形に沿って切ります。布とタック紙を貼り合わせただけでは弱いので、タックの裏にもう1枚紙を貼ります。

③ 色のついた紙を用意し、靴下形をもう1枚作ります。これがメッセージカードになります。

④ ②を上にして③に重ね、留め金具で留めます。布の靴下のほうにペッパーベリーなどのドライフラワーを飾り、吊るしリボンをつけて完成。

※160%に拡大して使用

2枚　　2枚

40〜41ページ 十二支のカード

[作り方]
ひのきシートに十二支の図案を写し、切り抜きます。上の部分にはパンチで穴をあけてひもを通します。
送るときは色つきの台紙とセットにして。

※ひのきシート
ひのき材をシート状に薄く削り、クラフト用に改良したもの。

※200%に拡大して使用

42ページ　鯛のポップアップお正月カード

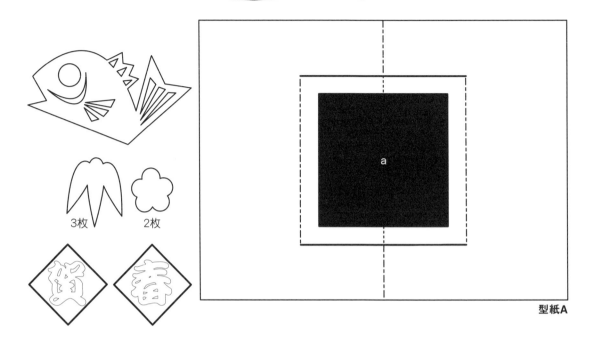

43ページ　羽子板のミニカード

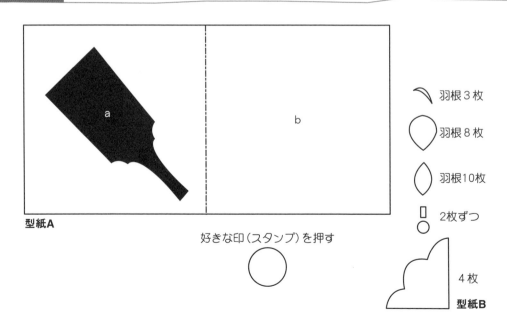

[作り方]
❶ 型紙Aを紙に写し、aの部分をカッターで切り抜きます。

❷ 枠線に沿って紙全体を切り抜いたら、真ん中から2つ折りにします。切り取り線に沿って切り込みを入れて立ち上がりをつけ、これを台紙に貼ります。

❸ 鯛などのモチーフの型紙を紙に写し、切り抜きます。これを①であけた四角い枠に貼り込み、「賀春」の文字をあしらって完成。

※200%に拡大して使用

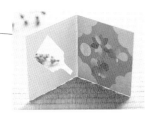

[作り方]
❶ コピーした型紙Aを台紙にする紙にのせてホッチキスで留め、カッターでaの羽子板の図案を切り抜きます。

❷ 図案を切り抜いたら、枠線に沿ってカッターで台紙本体を切り抜きます。

❸ 型紙Bを切り抜いたものを4枚用意し、色紙（ここでは黄緑色の紙を使用）を貼ったb面の四隅に貼り込みます。

❹ 羽子板の羽根のパーツを切り抜き、羽根の形に貼っていきます。最後に文字のスタンプを貼った紙をあしらって完成。

※200%に拡大して使用

43ページ　お供え餅のポップアップカード

[作り方]
❶ コピーした型紙Aを紙にのせてホッチキスで留め、お供え餅の形に切ります。

❷ 図案を切り抜いたら、枠線に沿って紙自体を切り抜きます。これを真ん中から2つ折りにし、切り込みを入れて立ち上がりを作ります。

❸ 型紙Bを切り抜き、②の立ち上がりに貼ります。まわりに切り抜いた羽子板などのパーツ類を、さらに背景にメッセージを貼り、完成。

※200%に拡大して使用

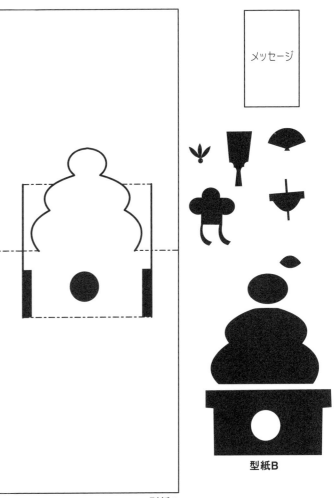

バレンタインのボックスカード

[作り方]

❶ 幅13mm、長さ20～30cmのリボンに、ハート形や星形に切り抜いたパーツを貼ります。大きめのハート形に切り抜いたパーツにはメッセージを入れます。使用するボックスの大きさに合わせてリボンの幅や長さを決めるとバランスがよくなります。

❷ 市販のボックスのフタの上部に❶の先を貼りつけ、メッセージを書いたカード部分と残りのリボンを箱の中に収めます。

※160%に拡大して使用

バレンタインの折りたたみカード

[作り方]

❶ 型紙A（タテ300mm×ヨコ50mm）を切り取り、ボックスを組み立てます。

❷ 型紙B（タテ100mm×ヨコ50mm）2枚を用意し、❶のボックスのしきりにします。

❸ ハートや花、鳥の形に切り抜いたパーツを箱のまわりや中にのりづけします。パーツが箱から飛び出して見えるように貼りつけるのがコツです。

※200%に拡大して使用

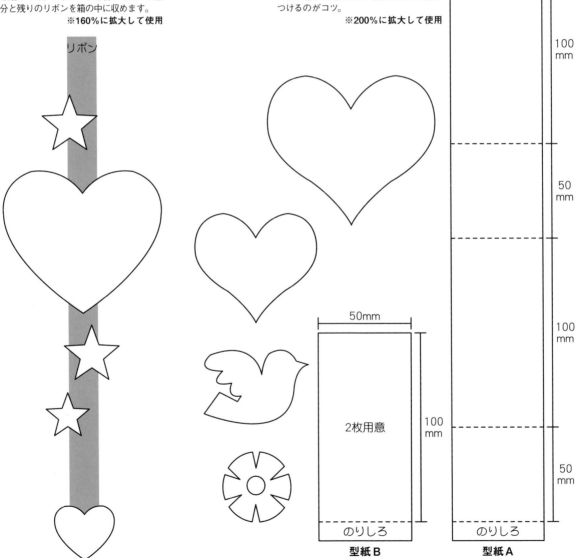

46ページ　切り絵のウエディングカード

天使のウエディングカード

[作り方]

❶　型紙を紙に写し、わのところで紙を2つ折りにします。

❷　図案どおりに片面のみ、天使とハート形に切ったら、それぞれ紙を広げてスプレーのりで台紙に貼ります。
　　※125%に拡大して使用

ピンクのハートのカード

[作り方]

型紙を紙にのせ、動かないようにホッチキスで留めます。線に沿ってデザインカッターで紙を切り抜き、それをスプレーのりでピンク色の色紙を貼った台紙に貼ります。
　　※125%に拡大して使用

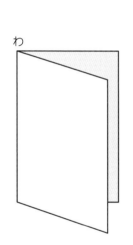

47ページ　ドレスのウエディングカード

[作り方]

❶　型紙Aに合わせて切った紙(ここではシルバーのコート紙を使用)を4枚用意します。それぞれ2枚ずつ貼り合わせ、線に沿って谷折りにした観音開きのカードを2枚作ります。

❷　接着剤をたらしたワイヤーにリボンを巻きつけて、クローゼットのバーとハンガーを作ります。

❸　コットンレースの布地はドレスの形にカットし、胸、肩、裾の部分にレースのリボンを貼ります。これを❷のハンガーにかけます。

❹　①で作った観音開きのカードの中面に②のクローゼットのバーを貼りつけ、そこに③のハンガーにかけたドレスを貼ります。さらにドレスのところにトレーシングペーパーに印字したメッセージを貼ります。

❺　もう1枚の観音開きのカードには、閉じた扉にイミテーションのパールを2つ貼り、クローゼットのドアノブにします。

※160%に拡大して使用

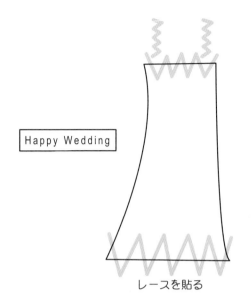

Happy Wedding

レースを貼る

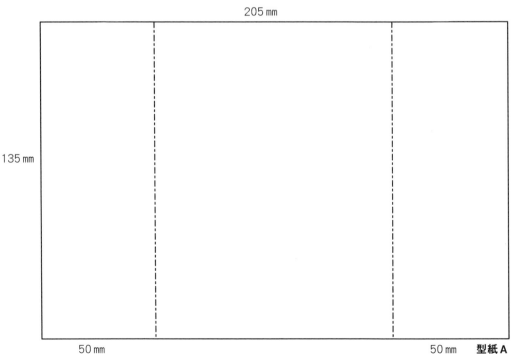

205 mm

135 mm

50 mm　　　50 mm　**型紙A**

48ページ　テトラ形のサプライズカード

[作り方]
❶ 模様のついた紙（ここではマーブル紙を使用）に型紙Aを写して型紙どおりに切り、それぞれ3ヵ所に目打ちで穴をあけます。同じ紙に型紙Cを写して、大小の丸をいくつか切り抜いておきます。

❷ 無地の色紙に型紙Bを写して三角形に切ったものを6枚用意します。これをabcの面の表と裏に貼り、さらにCの大小の丸を適当に貼りつけたら、abcの面を立ち上げてテトラ形にします。

❸ 型紙Dを使って「HAPPY BIRTHDAY」のスタンプを押したものをそれぞれ2枚ずつ作り、同じ文字の丸を2枚合わせてその間にリボンをはさみ、等間隔にのりづけします。

❹ ②に③のメッセージを入れ、穴をあけた部分にひもを通して結べば完成。小さいテトラ形も型紙を使って同様に作ります。

※160％に拡大して使用

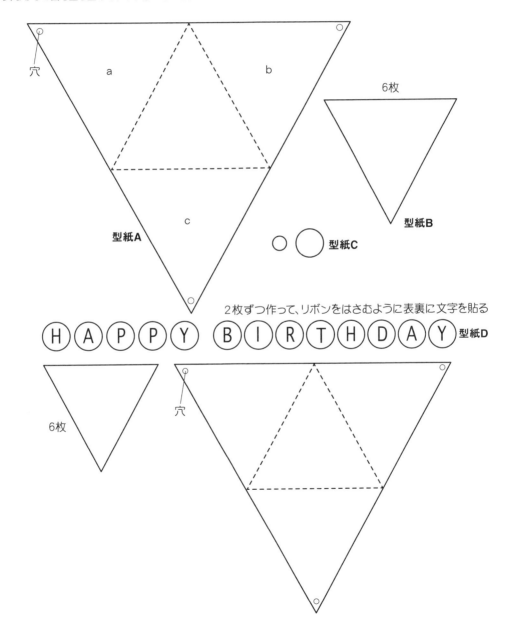

49ページ ポップアップのバースデーカード

[作り方]
❶ 紙に型紙A、Bを写し、型紙どおりに切ります。Bの黒い部分は切り抜きます。

❷ ①をそれぞれ真ん中で2つ折りにし、線に沿って切り込みを入れてプレゼントとケーキの部分を立ち上がらせ、これを台紙に貼ります。プレゼントのほうは図案C、Dを、ケーキの下にはメッセージのオビを貼ります。

※200%に拡大して使用

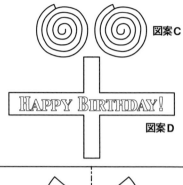

図案C

図案D

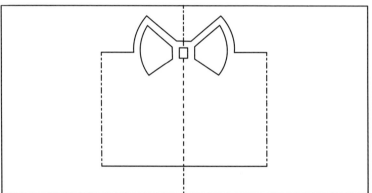

型紙A

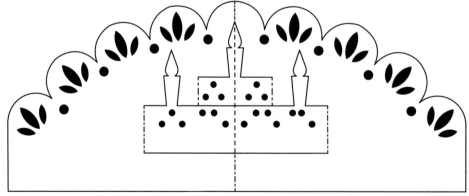

型紙B

50ページ　フェルトの出産祝いカード

[作り方]

❶ タテ135mm、ヨコ195mmに切ったフェルト(A)と、それよりひとまわり小さく切ったフェルト(B)をそれぞれ1枚用意します。Bのほうはまわりをピンキングバサミでギザギザに切り、それを手芸ボンドでAに貼ります。

❷ ①を2つ折りにし、表紙の部分にはボタンやリボンを貼って飾りをつけます。

❸ タテ135mm、ヨコ25mmの細長く帯状に切ったフェルトを2本用意します。それぞれ片方の側だけピンキングバサミでギザギザに切り、真ん中にはリボンテープを貼ります。これを開いた②の両端に貼ります。貼るときは全面に接着剤をつけるのではなく、3分の2ほどのりづけしない部分を残すことで、そこにメッセージなどがはさみ込めるようにします。

51ページ　入学祝いのカード

[作り方]

❶ 型紙Aを使って長方形に紙を切り、真ん中で2つ折りにしたら、切り取り線に沿って切り込みを入れ、立ち上がりを作ります。図案はそれぞれ紙に写し、切り抜いておきます。

❷ 立ち上がり部分に図案Aを3枚貼り、そこに鉛筆の芯や時計などを貼っていきます。図案Bは背景になる部分に貼ります。

❸ ②を型紙Aと同じ大きさに切った台紙に貼ります。

※160%に拡大して使用

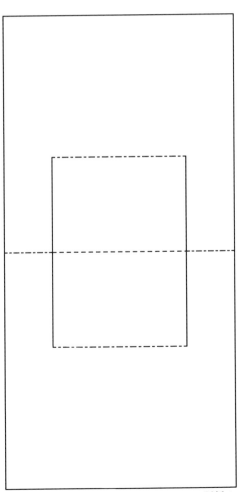

型紙A

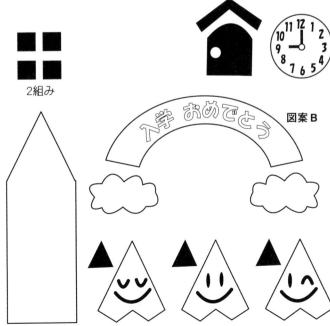

2組み

図案B

図案A　3枚

51ページ　入園祝いのカード

[作り方]

❶ 紙に図案を写し、それぞれ切り抜きます。動物の目・鼻・口の部分はくり抜きます。オビは型紙どおりに切り、線に合わせて真ん中を山折り、それ以外を谷折りにしておきます。

❷ ウサギ、クマ、ネコの手の部分に接着剤をつけて3枚をつなぎ、さらにそれぞれの足の部分に接着剤をつけて図案Aに貼ります。

❸ ②の両端にタコ糸をつけてブランコにします。

❹ ハガキサイズの2つ折りのカードに切ったオビを貼ります。まずaの裏に接着剤をつけて片方だけ貼ったら③のブランコを通し、それからbを貼ります。最後に背景に切り抜いた花模様を貼って完成。

※160%に拡大して使用

4つずつ　　　　2つずつ

図案A

52ページ　文字のスタンプカード

[作り方]
カード台紙に直接、またはカットした紙にスタンプを押して台紙に貼ります。

54ページ　マスキングテープのカード

[作り方]
折りたたみをつけたカード台紙に、絵を描くようにマスキングテープを貼ります。

53ページ　おすわりネコ&のびのびネコのカード

[作り方]

❶　タテ80mm、ヨコ200mmの台紙Aとタテ100mm、ヨコ200mmの台紙Bを用意します。

❷　2つ折りの紙におすわりネコのパーツCを写してカットします。このときネコの背中の部分がわになるようにします。のびのびネコのパーツEも同じようにカットします。

❸　Cのネコの足の部分を台紙Aの真ん中に、足がまたがるように貼ります。Eのパーツも同様に台紙Bに貼り、立ち上がりをつけます。

❹　台紙Aに手書きでネコの足あとを、台紙BにパーツDのネコの肉球を好きなところに貼りつけて完成。

※200%に拡大して使用

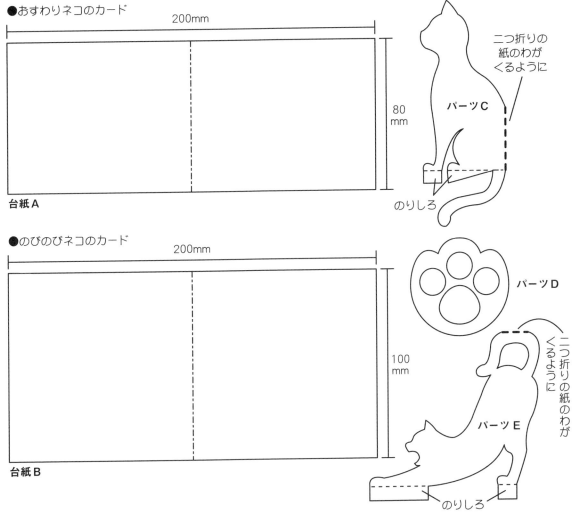

ゴールドのリボンのカード

55ページ

[作り方]
リボンを好きなようにカットしてカード台紙に貼ります。

一文字切り絵のポップアップカード

56〜57ページ

[作り方]
❶ 紙にコピーした型紙をのせ、実線と黒の部分を切り抜きます。

❷ ①を真ん中で山折りにし、文字の部分以外をカード台紙に貼り、文字が立ち上がるよう文字部分を後ろから指で起こします。

※200%に拡大して使用

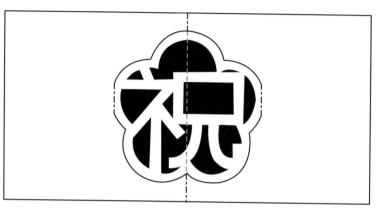

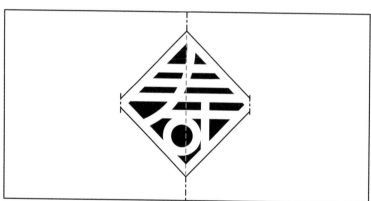

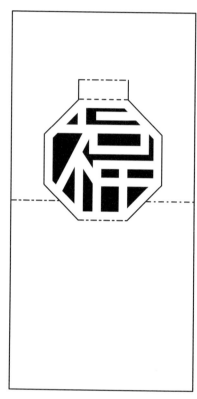

カード台紙

58〜59ページ　子供の絵を使って……

母の日のカード

[作り方]

❶ 紙に型紙Aを写して切り抜き、線に沿って上下に切り込みを入れます。これをタテ148mm、ヨコ100mmの2つ折りのカード台紙の中面に貼ります。

❷ 図案Aを紙に写してカーネーションの形に切り抜き、台紙に貼ります。

❸ タテ112mm、ヨコ80mmの紙に描いた子供の絵を切り込みに差し込んで、その下の台紙部分にメッセージが書かれた紙を貼ります。

※200%に拡大して使用

父の日のカード

[作り方]

❶ 紙に型紙Bを写して切り抜きます。別の紙に型紙Cを写して切り抜いたものを4枚用意し、それぞれのりしろ部分に接着剤をつけてイチョウ形にします。これを型紙Bを写した紙の四隅にａｂｃｄの向きに合わせて貼ります。

❷ タテ148mm、ヨコ100mmの2つ折りのカード台紙を用意し、①を台紙の中面に貼ります。ここにタテ112mm、ヨコ80mmの紙に描いた子供の絵をａｂｃｄの四隅に差し込みます。扉にメッセージが書かれた紙を貼っても。

※200%に拡大して使用

敬老の日のカード

[作り方]

❶ 紙に型紙Dを写して切り抜き、線に沿って四隅に斜めに切り込みを入れます。これをタテ148mm、ヨコ100mmの2つ折りのカード台紙の中面に貼ります。

❷ タテ112mm、ヨコ80mmの紙に描いた子供の絵を切り込みに差し込みます。カードの表紙には「寿」の文字や折り紙の鶴を貼るなど、長寿を表すものを添えるといいでしょう。

※200%に拡大して使用

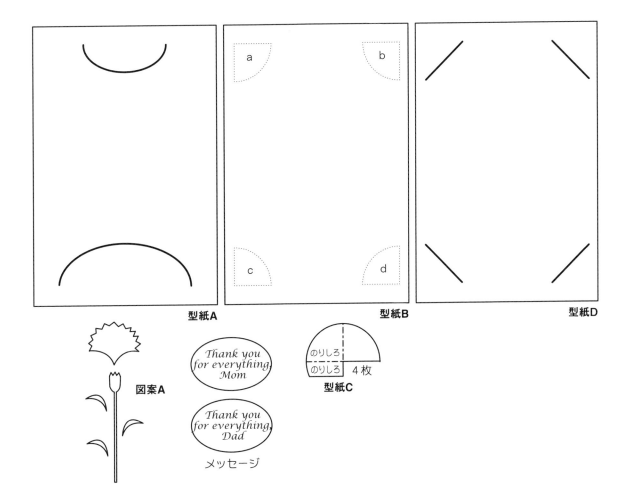

60ページ ボタンを使って……

ネコとボタンのジャバラカード

[作り方]

❶ 2つ折りにした紙に図案Aを写し、ネコの形を2枚切り抜きます。図案B〜Eも同様にそれぞれ2枚ずつ切り抜きます。図案Fは1枚だけ切り抜きます。

❷ 中に収めるジャバラを作ります。タテ50mm、ヨコ500mmに切った細長い紙を、図1のように50mmごとに谷折りと山折りを繰り返してジャバラにします。折るときは目打ちと定規を使って、しっかり折り目をつけます。

❸ ①で切ったネコの切り絵（10枚）をジャバラの面に1つずつ貼り、ボタンを適当に散らします。

❹ ジャバラを収めるカバーを作ります。型紙Aのとおりに紙を切り、aの面の真ん中に切り込みを入れたら、線に沿って谷折りにします。aの面の左下には図案Fの足跡を貼ります。

❺ 図2のようにジャバラの右端の面の裏に接着剤をつけて、カバーのb面に貼ります。

❻ 写真奥のボタンのカードも同様にジャバラを作り、型紙Bで作ったカードにおさめます。

※125%に拡大して使用

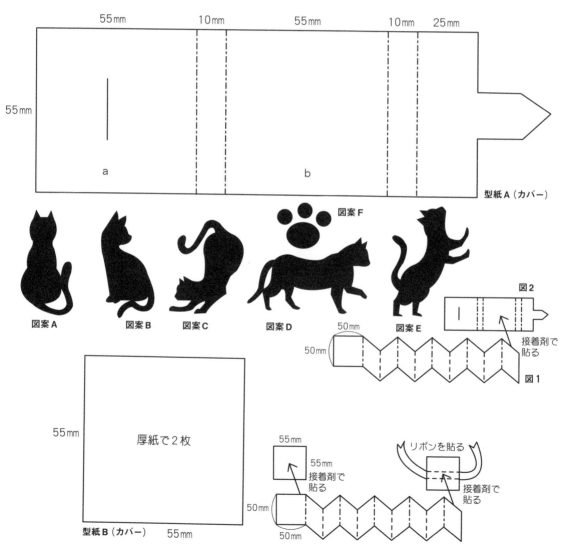

61ページ　手作り封筒

[作り方]
61ページ参照　※125%に拡大して使用

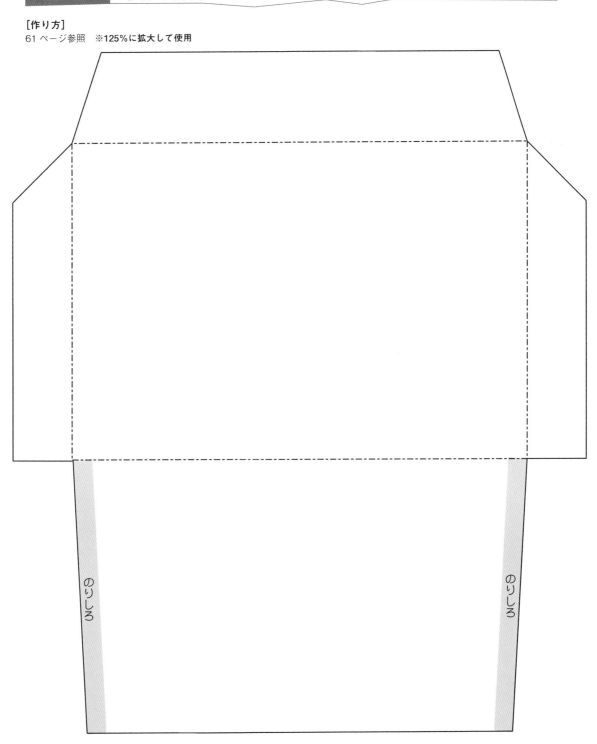

カード制作

pica（中村頼子）
イラストレーター。女子美術大学卒。在学中より独学で切り絵を始める。商品企画の仕事を経て、フリーのイラストレーターに。現在は切り絵を中心に雑誌、広告などのイラストを制作。個展、グループ展などでも作品を発表。
E-mail:ineharu@beige.ocn.ne.jp

■ 作品
P22〜23、24〜25、29、30、34、35、36、37、40〜41、42、43、44、45、46、49、51、52、53、54、55、56〜57、58〜59、60

坂倉有香
ネイチャークラフトデザイナー、フラワーデザイナー。本書では押し花を使ったカードなどを制作。現在、横浜、大船、厚木、吉祥寺にてフラワーデザインの教室を開講。著書に『葉っぱをいける、葉っぱで遊ぶ リーフアレンジメントを楽しむ本』（河出書房新社）がある。
E-mail:y.s@poppy.ocn.ne.jp

■ 作品
P20〜21、26、27、28、31、32、33、38、39、47、48、50

撮　影　　山本正義、深澤慎平、上木里美
装丁・デザイン　菅野由紀子
編　集　　高橋寿子
Special Thanks　こうやまけいと
撮影協力　ブックスペース栄和堂　http://eiwado.space/

改訂新版
手作りカードアイデアブック
ポップアップ、スタンプ、切り絵

2005年10月30日　初版発行
2016年 9月20日　改訂新版初版印刷
2016年 9月30日　改訂新版初版発行

編　集■河出書房新社
発行者■小野寺優
発行所■株式会社 河出書房新社

〒151-0051
東京都渋谷区千駄ヶ谷2-32-2
電話　03-3404-1201（営業）
　　　03-3404-8611（編集）
http://www.kawade.co.jp/

印刷・製本■三松堂株式会社

Printed in Japan
ISBN 978-4-309-28592-4

■落丁・乱丁本はお取り替えいたします。
■本書のコピー、スキャン、デジタル化等の無断複製は著作権法上での例外を除き禁じられています。本書を代行業者等の第三者に依頼してスキャンやデジタル化することは、いかなる場合も著作権法違反となります。